KAPITEL 1
»KLASSENTREFFEN«
SPACKO
VER-
RECK!!
ST
Der
letzte
Dreck

FRÜHER HÄTTEN SICH DIE KERLE NIEMALS SO UM SIE GERISSEN.

Die Nase und so...

DIE HAT DOCH BESTIMMT WAS MACHEN LASSEN, ODER?

OH!

Nicht übel!

GIB'S ZU, DU KOMMST ABSICHTLICH ZU SPÄT!

DAMIT DU MEHR AUFMERKSAMKEIT KRIEGST!

Spinner!

Ha! Ha! Ha!

ALS OB!

SHINJI!

QUASSEL

QUASSEL

Da ist Shinji!

MURMEL

MURMEL

10

WAS MACHT DER DENN HIER?

NA JA, ER...

YUICHI...?

ALSO
DANN...

MO-
MENT
MAL!

AUCH
WENN ICH
NIE DIREKT
INVOLVIERT
WAR...

Ha! Ha! Ha!
Ha!

DER
HAT MICH
GERADE
ANGE-
SCHAUT!

ICH
KRIEG
GLEICH
AUGEN-
KREBS!

UAH,
IST DER
EKLIG!

... TUT
ES MIR
WIRKLICH
LEID!

WEISST
DU, ICH BIN
INZWISCHEN
VERHEIRATET
UND HABE
KINDER.

SCHON
OKAY.

... ABER DER
GEDANKE, DASS
DU MICH IMMER
NOCH HASSEN
KÖNNTEST...

ICH BIN
GLÜCKLICH,
ABER...

WIR HABEN DICH VER-MISST.

ALS DU AUF EINMAL NICHT MEHR ZUR SCHULE GEKOMMEN BIST.

DAS WAR GEGEN ENDE DER ZEHNTEN, ODER?

WUMMEL!?

ACH KOMM!

EIN SPIEL?

... MIT DIR ZUSAMMEN UNSEREN ABSCHLUSS FEIERN!

DABEI WOLLTEN WIR ALLE...

JA. DICH ZU MOBBEN IST UNSER SPIEL.

ABER... WARUM?

HM...

19

21

WAS...

DU VERDIRBST ALLEN DEN ABEND!

WIR WOLLTEN UNS AN DIE GUTEN ALTEN ZEITEN ERINNERN.

LIES MAL ZWISCHEN DEN ZEILEN!

...

... MACHST DU HIER?

... SCHON IMMER SO ABGEFUCKT AN DIR!

GENAU DAS HAT MICH...

IMMER NOCH SO STILL?

23

WEISST DU DOCH, ODER?

IM WEG-LACHEN BIN ICH WELT-MEISTER!

ガッチャ

KLACK

ICH BIN ZURÜCK.

パシャッ

BLITZZZ

Klassentreffen Mit Abschlussklasse

26

... BIN ICH HEUTE FRÜH BESTENS GELAUNT!

DANK DIR...

BIS SPÄTER, SHIORI!

ICH GEH DANN MAL...

GRÖL

GRÖL

SHIORI...

GUTEN MORGEN.

MORGEN, HERR AIZAWA.

HM?

HAST DU KURZ ZEIT?

...

WORÜBER WOLLTEN SIE MIT MIR REDEN?

Hörsaal

KANN ES SEIN, DASS DU...

... IN LETZTER ZEIT GEMOBBT WIRST?

WEIL DIR GERADE SO VIELE KOMISCHE SACHEN PASSIEREN...

LETZTE WOCHE KAM DIR DEIN GESCHICHTSBUCH ABHANDEN.

KÖNNTE ES NICHT SEIN, DASS ES JEMAND GEKLAUT HAT?

W...WIE KOMMEN SIE DENN AUF SO WAS?!

WIE SIE SICHER BE- REITS ALLE WISSEN...

... GEHT DIESER TAGE VERSTÄRKT DAS THEMA MOBBING DURCH DIE MEDIEN.

ALSO...

... BEEINFLUSST AUCH UNSE- RE KINDER. UND ZWAR NICHT IM POSITIVEN SINNE.

DAHER SEIEN SIE BITTE AUF- MERKSAM.

DIESE ART DER BERICHT- ERSTAT- TUNG...

ICH VERLASSE MICH AUF SIE.

KAPITEL 2
»VERERBUNG«

BEI MIR SIND ES SCHON DREI JAHRE...

ABER MIT DER EINSTELLUNG AN DIESER SCHULE WERDE ICH IMMER NOCH NICHT WARM.

EINSTELLUNG?

DA TRAUT SICH DOCH NIEMAND MEHR, SO ETWAS ÜBERHAUPT ZU MELDEN.

ZU BEHAUPTEN, DASS MOBBING BEI UNS NICHT EXISTIERT ...

DIE DES SCHULDIREKTORS.

FÜHLEN SIE SICH DADURCH ALS LEHRER NICHT UNTER DRUCK GESETZT?

ALLERDINGS...

42

He-he!

ES HAT LÄNGST GE-KLINGELT!

T...TUT MIR LEID!

WO WA-REN WIR GESTERN NOCH?

BEI DER VERER-BUNGS-LEHRE.

SELBST DIE KLEINSTEN ANZEICHEN VON MOBBING KÖNNEN SCHNELL ZUM PROBLEM WERDEN, WENN MAN SIE IGNORIERT.

KRCK KRCK

...

DIE VERERBUNG FOLGT GEWISSEN REGELN.

WAS HERR AIZAWA GESTERN GESAGT HAT...

... HAT MICH WIRKLICH SCHOCKIERT.

ICH HABE DAS AM EI- GENEN LEIB ERFAHREN!

...

MOBBING...

UND WENN JA, WER STECKT DA- HINTER?!

IST DAS BEI MIR AUCH MOBBING?

MAN GEHT DAVON AUS, DASS DIE PERSÖNLICHKEIT ZUR HÄLFTE GENETISCH BEDINGT IST, JA.

WIRD DIE PERSÖNLICHKEIT NICHT DURCH DAS UMFELD ZU HAUSE GEPRÄGT?

HAB ICH NOCH NIE GEHÖRT.

ザワ RAUN

ザワ RAUN

WAS? WIRKLICH?

DAZU GAB ES EIN EXPERIMENT...

EINEIIGE ZWILLINGE SIND EUCH EIN BEGRIFF, ODER?

NEIN. EURE ERZIEHUNG UND EUER ZUHAUSE HABEN IN WAHRHEIT...

... KAUM EINEN EINFLUSS AUF EURE PERSÖNLICHKEIT.

EINEIIGE
ZWILLINGE:
100 % IDENTISCHES
ERBGUT

DAS
EXPERIMENT
UNTERSUCHTE
ZWILLINGE, DIE AUS
DIVERSEN GRÜNDEN
GETRENNT VON-
EINANDER AUF-
GEWACHSEN
WAREN.

ZWILLINGE,
DEREN ERBGUT
EXAKT IDEN-
TISCH IST.

MAN
WOLLTE
HERAUS-
FINDEN, OB
SICH IHRE
PERSÖN-
LICHKEITEN
UNTER-
SCHEIDEN.

... DASS DIE
ZWILLINGE
ÄHNLICHE
PERSÖN-
LICHKEITEN
HATTEN.

DAS
EXPE-
RIMENT
LEGTE
JEDOCH
OFFEN...

... WÜRDE
DAFÜR SPRE-
CHEN, DASS UNSER
UMFELD UNSERE
PERSÖNLICHKEITS-
ENTWICKLUNG
MASSGEBLICH
BEEINFLUSST.

EIN
GRÖSSERER
UNTER-
SCHIED...

HM...

IN
ZAHLREICHEN
TESTS WURDE
BELEGT, DASS
PERSÖNLICH-
KEITSMERK-
MALE VERERBT
WERDEN.

OB
JEMAND EX-
TROVERTIERT
IST, RECHT-
SCHAFFEND
ODER MENTAL
SCHWACH...

48

ÄUS-
SERE EIN-
FLÜSSE.

WENN ZUR
HÄLFTE UN-
SER ERBGUT
AUSSCHLAG
GIBT, WIE
WIR SIND
...

... WER
BESTIMMT
DANN DIE
ANDERE
HÄLFTE?

IM
WESENTLI-
CHEN EUER
SOZIALES
UMFELD.

VIEL
STÄRKER ALS
DURCH EURE
FAMILIE.

EURE
PERSÖNLICHKEIT
WIRD MASSGEB-
LICH DURCH EURE
FREUNDE GE-
FORMT.

TOCK

ES SEI
DENN NATÜR-
LICH, ES KOMMT
ZU HÄUSLICHER
GEWALT ODER
ANDEREN BESON-
DEREN UMSTÄN-
DEN. DANN SIEHT
ES ANDERS
AUS.

ALSO,
UNTERM
STRICH...

IN DEN
ALLERMEISTEN
FÄLLEN SPIELT
EUER ZUHAUSE
JEDOCH KEINE
ALLZU GROSSE
ROLLE.

...

DU WARST IM UNTERRICHT SO ABWESEND.

ALLES OKAY?

JA, ALLES GUT!

BIN GESTERN NUR ZU SPÄT INS BETT.

He he...

OKAY.

KOMM GUT NACH HAUSE.

TOCK

HERR AIZAWA.

KONNTEN SIE DAMALS...

... ETWAS GEGEN DAS MOBBING TUN?

SHIORI!!!

...

ÄH, ALSO ...

Ha, ha...

MIR GING UNSER GESPRÄCH VON GESTERN NICHT MEHR AUS DEM KOPF.

DICH BRAUCHT EINFACH NIEMAND! SO SIEHT'S AUS!

TRÄUM WEITER, JUNGE!

HA HA HA HA HA

WARUM LEBST DU ÜBERHAUPT?

WEIL ICH ES DA-MALS NICHT AUFHALTEN KONNTE...

... BIN ICH HEUTE HIER.

BIN WIEDER DA!

DU BIST GANZ SCHÖN SPÄT.

SHIORI!

ICH HAB DEM NACH-HILFELEHRER NUR EIN PAAR MATHEFRAGEN GESTELLT.

WARST DU NOCH IRGENDWO?

ACH SO...

NA DANN...

NEIN.

KLACK

GRINS

DIESMAL KLAPPT'S!

ICH SCHAFFE ES BESTIMMT AUF MEINE WUNSCH-SCHULE!

...

QUASSEL

QUASSEL

DU WARST HEUTE FLEIS-SIG.

HAST DU HUNGER?

UND WIE!

DA BIST DU JA, SHIORI!

DAD!

EUER LEHRER SPRICHT JA ÜBER INTERESSANTE SACHEN.

TOCK

DEN WÜRDE ICH GERN MAL KENNEN-LERNEN!

GENAU. MEHR NICHT.

GRÖL GRÖL

ICH MUSS HIER NUR DIE FORMEL BENUTZEN, ODER?

MENSCH, YUMI!

AH, KLAR...

...

JA, ICH WEISS...

Haha!

DA HILFT NUR ÜBEN, ÜBEN, ÜBEN!

ALLES MIT ZAHLEN, AUCH NATURWISSENSCHAFTEN...

MATHE IST ZU HOCH FÜR MICH!

Ach...

JA, ABER WIR HABEN BEIDE AUFGEHÖRT.

SIE MEINT'S ERNST.

Krass.

DIE BÜFFELT SCHON WIEDER IN DER MITTAGSPAUSE...

SCHAU MAL, AI!

TJA...

AC'S SIND JA SCHÖN UND GUT, ABER DIE BRINGEN EINEN NICHT WEITER.

STIMMT.

IHR WART ZUSAMMEN BEIM BASKETBALL-AG, ODER?

SEIT SIE NICHT MEHR IN DER BASKETBALL-AG IST, PAUKT SIE NUR NOCH.

63

HAHA!

UH, ICH WILL NUR HEIM!

MIST, DIE 5. STUNDE FÄNGT GLEICH AN!

IN SPORT SPIELEN WIR GLEICH BASKETBALL, ODER?

WEGEN DER VORBE-REITUNG AUF DIE KLAUSUREN HAB ICH DAMIT AUFGEHÖRT.

ABER AM LIEBSTEN WÜRDE ICH...

STRAHL

JUHUUU! BASKET-BALL!

WOW...

STRAHL

NA KLAR!

ICH WAR JA MAL IN DER AG!

DU MUSST BASKETBALL JA ECHT LIEBEN.

SHIORI?

ÄH...

10-E
Suzuki

SIE HAT
ES GE-
SEHEN!

ズ！！
FWPP

...

WEISST
DU, ICH...

YUMI...

ALSO...

TRÄUM WEITER, JUNGE!

DACHTEST DU, SIE WÜRDE DIR HELFEN?

NIEMAND WIRD DIR HELFEN!

STIMMT WAS NICHT?

SHIORI...

REVENGE
BULLY

KAPITEL 3
»VIDEO EMPFANGEN«

LINS
チラッ

WARUM HAST
DU SO GETAN,
ALS HÄTTEST
DU NICHTS
GESEHEN?

YUMI...

SHIORI?

10-E
Yoneda

IST WAS? DU STARRST JA LÖCHER IN DIE LUFT.

BE-DRÜCKT DICH WAS?

ÄH, N... NEIN!

ICH BIN IMMER NOCH TRAURIG ...

10-E Suzuki

ICH HÄTTE GERN WEITER-GEMACHT.

NA JA, DU HATTEST SICHER EI-NEN GUTEN GRUND.

10-E Suzuki

... UND DANN HAST DU NOCH VOR DER 10. KLASSE AUFGEHÖRT.

ENDLICH HATTEST DU DIR EINEN FESTEN PLATZ IM TEAM ERKÄMPFT...

TUT MIR LEID.

... MACH ICH MIR BESTIMMT NUR ZU VIELE GEDANKEN!

GUTER WURF, SHIORI!

10-E
Suzuki

Huhuuu!

HEY, YUMI!

SHIORI!

YUMI HAT BESTIMMT NICHT HIN-GESEHEN...

10-E
Yoneda

VOR-HIN...

10-E
Yoneda

Hah!

Hah!

... VORHIN MIT HERRN AIZAWA GE-SPROCHEN?

WORÜBER HAST DU...

WAS?

10-E
Suzuki

NA
JA...

ER HAT
MIR NUR
GESAGT, ICH
SOLLE MICH
BEEILEN, DA
ICH SONST
ZU SPÄT
KOMME.

DU HAST
DOCH NOCH
MIT IHM
GESPROCHEN,
ODER? ALS
ICH SCHON
LOS WAR.

SAG
MAL,
YUMI...

WARUM
FRAGST
DU?

10-E
Suzuki

BIST DU OKAY, SHIORI?

...

T...TUT MIR LEID!

HAST DU DIR DEN KOPF GESTOSSEN?!

ABER ZUR SICHERHEIT SOLLTEST DU DICH JETZT AUSRUHEN.

DU ZEIGST KEINE BEEINTRÄCHTIGUNGEN. ICH GLAUBE NICHT, DASS DU EINE GEHIRNERSCHÜTTERUNG HAST.

Krankenzimmer

79

80

Lehrerzimmer

HERR AIZAWA!

LAUT KRANKEN-SCHWESTER GEHT'S IHR GUT.

ICH WOLLTE NUR WISSEN, WIE ES SHIORI GEHT.

SO KURZ VOR SCHUL-SCHLUSS.

WAS GIBT'S, YUMI?

VORHIN WAR IHRE MUTTER HIER UND HAT SIE ABGEHOLT.

DEINE FREUNDIN, HM?

ALSO ECHT!

H'' H''
SWUSCH

EIN HANDY?

WAS DU NICHT SAGST.

JA. EIN SCHÜLER HAT ES GEFUNDEN.

OFFENBAR GEHÖRT ES SHIORI.

GUT, ICH RUFE IHRE ELTERN AN.

HERR AIZAWA ...?

ALSO, WAS IHRE TOCHTER BETRIFFT ...

STIMMT WAS NICHT?

NEIN, NEIN.

TUT MIR LEID!

EINEN MOMENT BITTE!

MAGST DU DEINEN VATER?

JA! TOTAL!

... ZUM ERSTEN MAL ALLEIN FAHRRAD GE-FAHREN.

DA BIN ICH...

OH...

ABER MEIN VATER HAT VON FRÜH BIS SPÄT MIT MIR GEÜBT.

ICH HATTE FURCHTBARE ANGST OHNE STÜTZRÄD- CHEN.

VER- STEHE.

SEIN LÄCHELN...

IRGENDWANN WOLLTE ICH ES NUR NOCH SCHAFFEN...

HA HA HA HA HA

... WEIL ICH MEINEN VATER LÄ- CHELN SEHEN WOLLTE.

HM?

SO WAS FREUT DICH ALSO?

WARUM SOLLTE ICH MICH DARÜBER DENN NICHT FREUEN?

WAS REDEN SIE DA?

Hahaha!

WAR DAS DAD AM TELE-FON?

MIR GEHT'S GUT!

HE, WAS MACHST DU DENN HIER UNTEN?

ガチャ
KLACK

...

ENT-SCHULDI-GEN SIE BITTE...

KVACK

HA

SWUSCH

SHIORI!

Hah!

Hah!

DA BIST DU JA.

HI, DAD!

JA, ALLES WIEDER OKAY.

GEHT'S DIR GUT?!

ICH WAR SO BE-SORGT!

HÖR MAL!

...

WIE GEHT'S DEINEM KOPF? ICH MACH MIR SORGEN...

YUMI

17:21

EINE DIREKT-NACHRICHT?

DIE PERSON FOLGT MIR NICHT...

BIEP

1 KONTAKTANFRAGE

NEUE NACHRICHT EMPFANGEN

17:2

SSst

DAS KRANKEN-
ZIMMER... DAS
BIN ICH, WIE
ICH SCHLAFE...

HN...

WOMPP

HAAAH!

HAAAH!

HAAAH!

HAAAH!

HAAAH!

HAAAH!

NEIN!!

WAS IST DAS FÜR EIN VIDEO?!

WAS ZUM...?

Hah...

Hah...

ACH JA?

ICH WOLLTE SHIORI FÜR HEUTE ENTSCHULDIGEN. ICH GEHE NACHHER MIT IHR ZUM ARZT.

NUN...

HEUTE MORGEN FÜHLT SIE SICH LEIDER GAR NICHT GUT.

MERKWÜRDIG IST DAS SCHON...

GESTERN GING'S IHR NOCH SO GUT.

STIMMT. IST ETWAS PASSIERT?

SIE HAT MEINE NACHRICHTEN GELESEN, ABER MELDET SICH NICHT.
ANTWORTET SIE DIR?
NEIN, AUCH NICHT.
SO WAS REGT MICH TIERISCH AUF!
WENN MAN 'NE NACHRICHT LIEST, KANN MAN DOCH ZURÜCKSCHREIBEN! IST DOCH SELBSTVERSTÄNDLICH.
IHR GEHT'S SICHER NICHT GUT.
Hehe...
TROTZDEM. SIE KÖNNTE WENIGSTENS 'NEN STICKER SCHICKEN.
ÄH...
IHR FAHRT DOCH IMMER ZUSAMMEN ZUR SCHULE.
HAT SIE DIR GESAGT, DASS SIE HEUTE NICHT KOMMT?
NEIN.

DU BIST BESTIMMT FROH, ODER?

WAS GIBT'S? WAS IST LOS?

QUASSEL QUASSEL

DIE IST ECHT DAS LETZTE! SAG BLOSS NICHT, DU HAST UMSONST AUF SIE GEWARTET?

UND IN DER MITTAGSPAUSE ZWINGT SIE DICH IMMER ZUM BÜFFELN.

SHIORI KLEBT JA AN DIR WIE DIE REINSTE KLETTE!

WAS DAS ANGEHT...

ES WIRKT MANCHMAL SO, ALS WÄRE DIR DAS LÄSTIG, YUMI.

JA, STIMMT.

Ha, ha!

Krankenzimmer

ICH HAB MICH EINEN TAG LANG AUSGERUHT.

SEITDEM GEHT'S WIEDER BESSER.

SCHÖN...

WIE FÜHLST DU DICH?

DENNOCH SOLLTEN WIR DAS NOCH EINE WEILE BE-OBACHTEN.

DU HAST DIR IMMERHIN STARK DEN KOPF GE-STOSSEN.

IST GUT.

ACH SO...

EINE SACHE WOLLTE ICH SIE NOCH FRAGEN ...

109

KAPITEL 4
»NICHT GEHEUER«

...

ABER LAUT DER KRANKENSCHWESTER...

... MUSS ES JEMAND AUS MEINER KLASSE AUFGENOMMEN HABEN.

ICH BIN...

10-E

ICH FRAGE MICH...

... NOCH IMMER NICHT SCHLAUER, WAS DAS VIDEO ANGEHT.

STRAAAHL

SHIORI!

GEHT'S DIR BES- SER?!

GRINS

GOTT SEI DANK...

JA, ALLES FEIN!

DU HAST NICHT GEANT- WORTET.

ICH HAB MIR SORGEN GEMACHT.

ACH, YUMI...

114

115

JUPP!

DAS VIDEO IST SO KRASS!

DANN GEB ICH ALLES! AUCH YUMI ZULIEBE!

MEINST DU DAS?

Okay!

AUFWA-CHEN...?

MEINEN DIE ETWA DAS VIDEO?

HAHA! WIE GEHT DAS?

WAS IST, SHIORI?

VOLL RISKANT, WAS DER DA MACHT.

WENN DAS JEMAND MIT EINEM MACHT, WÜRDE MAN DOCH AUFWA-CHEN!

WAR DAS SHIORI?

RAUN

RAUN

WAS ZUM...?

ALLES OKAY...

DAS IST MEIN HANDY!!

WOMM

WAS SOLL DER SCHEISS?!

Hah!

Hah!

HEY...

120

DARUM GEHT'S NICHT!

...

DER BILDSCHIRM IST NOCH GANZ.

DAS IST EIN ANDERES VIDEO...?

Aufwach-Prank!

👍 620 👎 21

DAS REICHT JETZT!

TSCHACK

WIR SIND IM UNTER-RICHT!

AU

DAS SAGTE ICH DOCH...

ICH BIN AUF DEINER SEITE, SHIORI!

OKAY...

DANN KÖNNEN WIR REDEN.

KOMM NACH DEM ESSEN IN DEN VORBEREITUNGSRAUM.

DANKE!

QUASSEL QUASSEL

MIT DER WÜRDE ICH ES MIR NUR UNGERN VER-SCHERZEN.

JA, UND AUS-GERECHNET BEI REINA.

SHIORI IST ECHT AUS-GERASTET, ODER?

YUMI!

NICHT, UM MICH EINZU-SCHLEI-MEN, ABER...

ICH HAB DIR DEINEN LIEBLINGS-SNACK GEKAUFT.

SORRY WEGEN VORHIN, YUMI!

ICH WOLLTE DICH DA NICHT MIT REINZIE-HEN!

ACH...

TOCK

QUASSEL QUASSEL

OH JA! GUTE IDEE!

GEHEN WIR NACHHER ZUM KARAOKE?

LEUTE!

R...REINA, WEGEN VORHIN...

ICH HAB LEIDER AUCH KEINE ZEI...

HÄ?

ACH, SCHADE!

ICH MUSS NOCH WAS FÜR DIE SCHÜLERVERSAMMLUNG MACHEN.

KOMMST DU AUCH MIT, YUMI?

129

SIE HABEN
EINE GRUPPE
GEMACHT...

UND, YUMI
EINGELA-
DEN...?

WPP
ズ

…

JETZT SCHON?!

S... SORRY, ICH MUSS LOS!

ガワ
クン
シ!!!
KLANK

…

AH!

YUMI...

131

MANAKA!

DU HAST MEIN HANDY GEFUNDEN, ODER?

DANKE FÜR NEU-LICH!

SHIORI ...

Lang nicht gese-hen!

AH, DAS WAR ALSO DEIN HANDY.

HAT MIR FRAU YAZAKI GESAGT.

MUSS RUNTERGE-FALLEN SEIN, ALS ICH EIN NICKERCHEN GEMACHT HAB.

ES LAG UNTER DER BANK IM SCHULHOF.

ABER DAS IST ECHT LANGE HER, ODER?

DU BIST SO TOLLPAT-SCHIG.

DIE E...

SAG MAL...

IN DER B.

SEIT WIR NACH DER 8. IN ANDERE KLASSEN GEKOMMEN SIND.

IN WELCHER BIST DU JETZT?

ICH BIN IN DER E.

HÄ?

DER IST TOTAL NETT!

EUER KLASSEN- LEHRER...

WIE IST DER SO?

AN DEM TAG HAB ICH GESEHEN...

ER HAT MIR NEULICH MEIN HANDY EXTRA NACH HAUSE GE- BRACHT.

WARUM FRAGST DU?

...

... WIE HERR AIZAWA ...

... AN DEINEM HANDY RUMGEMACHT HAT.

RUMGEMACHT? INWIEFERN?

KEINE AHNUNG, ABER ER HAT'S BENUTZT.

DEINE SCHUTZHÜLLE IST SO AUFFÄLLIG.

ICH HAB'S SOFORT ERKANNT...

TSCHK

ニ シ ャ
ACK

LASSEN
SIE SIE
LOS!

GIBT'S
EINEN
GRUND?

WAS
IST
DENN?

SHIORI...

DAS IST
SEXUELLE
BELÄSTI-
GUNG.

NUN KOMM SCHON!

DU WOLLTEST DOCH MIT MIR ÜBER ETWAS REDEN, ODER?

TUT MIR LEID.

ICH HAB NOCH EIN PAAR MINUTEN ZEIT.

SIE SIND MIR...

... NICHT MEHR SO GANZ GE- HEUER.

SORRY ...

...

MANAKA AUS DER B-KLASSE.

DU BIST ...

SWUSCH

... IRGEND-
WELCHE
FLAUSEN IN
DEN KOPF
GESETZT?

HAST
DU IHR
...

ÄH...

WUSSTE
ICH'S
DOCH!

WARUM
HABEN
SIE DAS
GETAN?

...

ICH HAB
IHR NUR
GESAGT
...

...
DASS ICH
GESEHEN
HABE, WIE
SIE NEULICH
IHR HANDY
BENUTZT
HABEN.

IRGENDWAS
STIMMT NICHT
MIT DEM!

141

WEM KANN ICH ÜBERHAUPT VERTRAUEN?

ICH WEISS ECHT NICHT MEHR WEITER.

MIT WEM KANN ICH NOCH REDEN?

FRAU
YAZAKI...

VERZEI-
HUNG...

AH,
HALLO?

HAHA! ICH
DACHTE MIR
AUCH GERADE,
ICH MÖCHTE
DEINE STIMME
HÖREN!

JA.
ICH HAB
SCHLUSS FÜR
HEUTE.

144

REVENGE
BULLY

KAPITEL 5
»DER PERFEKTE VATER«

DOCH LEIDER...
... KÖNNEN WIR IHNEN KEIN GELD MEHR LEIHEN.
WAS...?
IHRE FABRIK MACHT ZUM ZWEITEN JAHR IN FOLGE VERLUST.
ANGESICHTS EINER DROHEN-DEN INSOLVENZ UND ANDERER NEGATIVER FAK-TOREN...
... KANN UNSERE BANK IHNEN KEINEN KREDIT MEHR GEWÄHREN.
SONST BLEIBEN WIR AUF DEN KOSTEN SITZEN.
BITTE, HÖREN SIE!
ICH FLEHE SIE AN, HERR SUZUKI...

ICH BIN TOTAL VERSCHULDET UND...

WENN IHRE BANK MICH JETZT IM STICH LÄSST...

... MUSS ICH DEN LADEN DICHTMACHEN!!

HERR NOMURA.

DASS WIR IHNEN KEINEN KREDIT MEHR GEBEN, IST ZU IHREM BESTEN.

HÖREN SIE...

SIE ZERKNITTERN MEIN JACKETT. LASSEN SIE MICH BITTE LOS.

SIE HABEN KINDER, ODER? DENKEN SIE MAL AN DIE!

IHR BETRIEB WIRD NUR NOCH MEHR SCHULDEN ANHÄUFEN.

AAAAAH!!

UGH...

AA AA

AA AA

AA

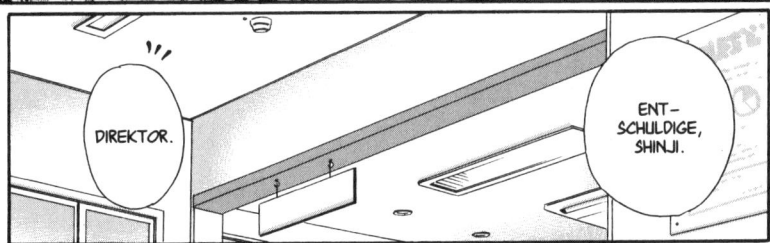

DIREKTOR.

ENT-
SCHULDIGE,
SHINJI.

153

ICH BIN GEÜBT IM ABWIMMELN VON LEUTEN, DIE MIR AUF DIE MITLEIDSTOUR KOMMEN.

NEIN, ALLES GUT.

DU MUSSTEST AUSBADEN, WAS DEIN VORGÄNGER VERBOCKT HAT.

NIEMAND ARBEITET SCHNELLER ALS DU!

...

Ha-ha!

ÜBRIGENS HABE ICH EIN DINNER MIT DEN LEUTEN VON KOUNAN FOODS AUSGEMACHT.

JA, MANN. DAS IST VOLL DER SADIST.

EIN KUNDE IST HEULEND VOR IHM ZUSAMMENGEBROCHEN, UND ER HAT DIE GANZE ZEIT GELÄCHELT.

DAS WAR ECHT GRUSELIG ...

SHINJI IST SCHON KRASS, WAS?

35 JAHRE OHNE EINE NIEDERLAGE.

Hah!

Hah!

ICH HATTE SCHON IMMER ALLE IN DER HAND.

PZCK

ALLESAMT DIE REINSTEN VOLLIDIOTEN!

MEINE KLASSEN-KAMERADEN, DIE PROFS AN DER UNI, MEINE KOLLEGEN UND SELBST MEINE VORGESETZTEN...

Hah!

Hah!

DAS WAR VERDAMMT GUT!

SHINJI.

159

ICH LIEBE KEINE SO WIE DICH, BABY!

ACH...

EIN JAHR LÄUFT DAS JETZT SCHON...

SIE KOMMT LANGSAM AUF DUMME GE-DANKEN.

ICH SOLLTE DAS BALD BEENDEN.

SMILE

SCHÖN, DASS DU DA BIST.

HALLO SCHATZ.

WOBEI ICH IHREN GEILEN KÖRPER ECHT VERMISSEN WERDE...

JA.

WO IST SHIORI?

WENN ES IN MEINEM SONST SO...

... ERFOLG-REICHEN LEBEN EINE FEHLKALKU-LATION GIBT...

SIE NIMMT GERADE EIN BAD.

ACH SO.

SIE HAT MIR DAMALS ECHT EINS REINGE- WÜRGT.

... DANN DIESE FRAU!

UND HAT MIR ERST BESCHEID GESAGT, ALS ES ZU SPÄT FÜR EINE ABTREIBUNG WAR.

SIE WURDE MIT 19 SCHWANGER...

DAMALS WAR ICH AUSSER MIR VOR WUT, DOCH JETZT...

DAD!

DAS HATTE SIE SO GE- PLANT...

... UM MIT DEM KIND UNSERE BEZIEHUNG ZU RETTEN, MIT DER ES BERG- AB GING.

SMILE

HALLO!

DU BIST ZURÜCK!

UND DAS ÜBERRASCHT MICH SELBST.

JETZT EMPFINDE ICH ANDERS.

WIE LÄUFT'S GERADE IN DER SCHULE?

MEINE TOCHTER...

... LIEBE ICH ÜBER ALLES.

HAAAH!

HAAAH!

HAAAH!

DAS FREUT MICH ZU HÖREN.

ACH, ICH HAB VIELE FREUNDE! WIR HABEN EIGENTLICH JEDEN TAG SPASS ZUSAMMEN.

Ha-ha!

BATAMM...

SHIORI SAH GLÜCKLICH AUS.

HE-HE...

TNK

SIE HAT JA AUCH WIRKLICH EIN PERFEKTES LEBEN.

KEIN WUNDER...

SIE IST BESTIMMT STOLZ AUF MICH!

UND EINEN JUNGEN VATER, MIT DEM SIE ANGEBEN KANN.

IHR UND EURE DURCHSCHNITT-LICHEN KINDER...

Mittelschule Klassentreffen

IHR TUT MIR SO LEID!

FWPP

DU HATTEST GLÜCK, SHIORI...
... DASS DU ALS MEINE TOCH-TER GEBOREN WURDEST!
死ね!
Stirb!
ブス
Abschaum
ゴミ
Du
WARUM...?
WIE LANGE SOLL DAS SO-WEITER-GEHEN?

...

SHIORI, DAS...

ALLES GUT!

... DAS DEM LEHRER MELDEN.

VON WEGEN. DU SOLL- TEST...

A...AL- LES GUT! DAS IST NICHTS!

FWPP

...

Ha- ha!

ES IST WIRKLICH NICHTS!

MACHT'S EUCH WAS AUS...

HE, AI...

HM?

... WENN WIR SHIORI AUCH IN DIE CHATGRUPPE EINLADEN?

YUMI.

ALSO WENN IHR NICHTS DAGEGEN HÄTTET...

SIE BEREUT DAS MIT DEINEM HANDY WIRKLICH, REINA.

SHIORI HAT...

MEINETWEGEN EIGENTLICH GERNE...

ABER ICH HAB NEULICH WAS GESEHEN.

... MIT MANAKA AUS DER B-KLASSE GEFLIRTET.

SORRY, REINA.

ICH WEISS JA, DASS DU WAS VON MANAKA WILLST.

DAS WISSEN EIGENTLICH ALLE.

WAS?!

HEISST DAS...

... SIE HAT ES ABSICHTLICH GETAN?

SHIORI INBEGRIFFEN.

ICH WÜNSCHTE, ES WÄRE ANDERS.

DAS WÄRE SO MIES VON IHR!

RÄUM

RÄUM

Das letzte!

Echt?

JEDE WETTE, DASS SIE DAS AUCH WEISS.

169

WIR HABEN SIE WOHL ALLE UNTERSCHÄTZT.

...

FWO

SCH

ALSO BIS DANN, FRAU YA-ZAKI!

JA, BIS DANN!

HE, DU DA!

BE-RUHIG DICH, REINA!

He...

WAS HAT DIE FÜR EIN PRO-BLEM?!

WAS FÄLLT DER EIN?!

EIIIIIFF!!

WAMM

SHIORI WIDERT MICH SO AN!

IHR SEID BE-FREUNDET, ODER?

JA, STIMMT...

Wusste ich nicht...

...

IST SIE DEINE FREUN-DIN?

DU HAST DOCH VORHIN MIT SHIORI GEREDET.

WIR UNTER-HALTEN UNS FAST NIE.

Ha-ha!

WEIL SIE ECHT KOMISCH IST...

N... NEIN!

WIR SIND KEINE FREUN-DINNEN!

DAS IST DOCH...

OH, VER-STEHE.

HAST DU KOMISCH GESAGT? ARME SHIORI!

ABER ICH WEISS, WAS DU MEINST...

HA HA キャ は HA は は HA HA

MOBBING?

Vorbereitungsraum
Naturwissenschaften

ABER GANZ SICHER BIN ICH MIR NICHT.

JA. DAS BEFÜRCHTE ICH.

SHIORI IST IN LETZTER ZEIT SO ANDERS.

HAT SIE IHNEN MAL WAS ANVER-TRAUT?

FRAU YAZAKI.

...

SIE WOLLEN NICHTS UNTERNEHMEN?

HALTEN SIE SICH DA RAUS.

NIEMAND KENNT DIE 10-E SO GUT WIE ICH.

ES IST OFFENSICHTLICH, DASS SHIORI IRGENDWAS BEDRÜCKT!

SIE SIND IHR KLASSENLEHRER!

SIE KÖNNTEN SIE WENIGSTENS FRAGEN, OB ALLES IN ORDNUNG IST!

RATAMM

MIR REICHT'S!

DANN REDE ICH MIT IHR!

J...
JEDENFALLS
SOLLTEN
SIE SICH ALS
KLASSENLEH-
RER DARUM
KÜMMERN!

WEISS ER
DAVON?!

DAS KANN
NICHT SEIN...

BITTE
NICHT...

SHIORI!

MANAKA...

HAST DU KURZ ZEIT?

ÄH...

A...ACH SO...

Wow!

ICH HAB ZEIT WIE SAND AM MEER!

NA, KLAR!

ICH FINDE, ER VERHÄLT SICH TOTAL SELTSAM.

ES GEHT UM HERRN AIZAWA.

IIRGENDWAS STÖRT MICH AN IHM.

UND WAS KAM DABEI RAUS?

NUR EINE PER-SONALSEITE FÜR LEHR-KRÄFTE.

SONST GAB'S KEINEN TREFFER.

WAS?

ICH HAB MAL SEINEN NAMEN GE-GOOGELT.

...

DER NAME SAGTE MIR WAS. ALS ICH DANACH SUCHTE...

JEDENFALLS STAND DORT, DASS ER DAVOR...

... AN DER KAYAMA-MITTEL-SCHULE WAR.

... WUSSTE ICH SOFORT WIEDER, WARUM.

... DASS ES AN DER SCHULE EIN GROSSES MOBBINGPROBLEM GAB.

VOR EINEM HALBEN JAHR GING EIN VIDEO VIRAL, DAS ZEIGTE...

DIE TÄTER WURDEN ÖFFENTLICH BLOSS- GESTELLT.

IHRE NAMEN, ADRESSEN, SOGAR DIE FIRMEN, BEI DENEN IHRE ELTERN AR- BEITETEN.

DAS VIDEO KENNE ICH!

DAS KAM SOGAR IM FERN- SEHEN!

GENAU.

DER NAME DES KLAS-SENLEHRERS.

... EIN INTERES-SANTES DETAIL.

IRGENDWO IM KLEIN-GEDRUCKTEN STAND NOCH...

...

A...ACH JA...?

YUICHI AIZAWA.

DEIN JETZIGER KLASSEN-LEHRER.

MAL SEHEN ...

Mittelschule Klassentreffen

...

BIN ICH HEUTE MAL BRAV UND GEHE EINFACH NACH HAUSE?

SIE SAGTE, SIE MÜSSE HEUTE LÄNGER ARBEITEN...

BLEP

OKAY...

SIE HAT DAS KLASSENTREFFEN ORGANISIERT.

FÜR IHR ALTER IST SIE NOCH GUT IN SCHUSS!

RYOKO SHOJI...

SHINJI?

SORRY, DASS ICH SO SPÄT NOCH ANRUFE.

ICH KÖNNTE MICH ZWISCHENDURCH AUCH MAL MIT EINER ANDEREN AMÜSIEREN.

HALLO.

ICH HAB GERADE DAS FOTO VOM KLASSENTREFFEN ANGESCHAUT.

ERST PLAUDERN, DANN ZUM ANGRIFF ÜBERGEHEN...

...

RYOKO?

STIMMT WAS NICHT?

HÄTTEST DU NICHT DIE GANZEN LEUTE ANGESCHRIEBEN, WÄREN NIEMALS SO VIELE AUFGETAUCHT, RYOKO.

DAS WAR LIEB VON DIR.

DANKE NOCH MAL, DASS DU DAS ORGANISIERT HAST.

ICH HABE...

... NIEMANDEN ANGESCHRIEBEN.

ER KENNT SOGAR MEINE ADRESSE.

ER...

WAS...?

WIE MEINST DU DAS?

ICH SOLLTE NUR SO TUN.

SEIT ZWANZIG JAHREN HASST ER UNS ABGRUNDTIEF...

ER HAT NICHT EIN DETAIL VERGESSEN.

NICHT SO SCHNELL, HAB ICH GESAGT!

VON WEM REDEST DU ÜBERHAUPT?!

SONST HÄTTE ER MEIN LEBEN ZERSTÖRT!

ICH KONNTE NICHT NEIN SAGEN!

NICHT SO SCHNELL...

HE, SHINJI!

VON WEM ICH REDE?

VON YUICHI!

WIR HABEN UNS JA...

... SEIT DEM KLASSENTREFFEN NICHT MEHR GESEHEN.

... YUICHI GESAGT?!

HAT SIE...

FORTSETZUNG FOLGT

BULLY
SIND WIR DENN...
... KEINE FREUNDE MEHR?
Vorschau
SIEH GUT HIN, SHINJI. FÜR DAS, WAS DU MIR VOR ZWANZIG JAHREN ANGETAN HAST...
EIN LEHRER SOLLTE SEINE SCHÜLER VER-TEIDIGEN.
HAT MICH ÜBERRASCHT, DASS ER SICH AUF DIE SEITE DER TÄTER STELLT.

REVENGE

IMMER WENN SIE LÜGEN...

... LÄCHELN SIE.

DAS VIDEO ALSO...

... WIRD DEINE HEISS GELIEBTE TOCHTER NUN BÜSSEN!

WENN ES UM JEMANDEN GINGE, DEN DU ÜBER ALLES LIEBST...

... WÜRDEST DU DAS DANN AUCH SAGEN?

REVENGE
BULLY

Tokyo Revengers

KEN WAKUI

DER WELT-ERFOLG ALS DOPPELBAND-EDITION!

Takemichi ist im Leben am absoluten Tiefpunkt angelangt: Die einzige Freundin, die er jemals in seinem Leben während der Mittelschulzeit hatte, ist von einer skrupellosen Gang getötet worden. Einen Tag nach dieser Hiobsbotschaft wird er am Bahnsteig von einem Unbekannten auf die Gleise gestoßen. Obwohl er sich schnell mit seinem Tod abfindet, öffnet er einen Moment später die Augen und stellt fest, dass er plötzlich 12 Jahre in die Vergangenheit gereist ist! Er beschließt, die Zukunft umzuschreiben und seine Freundin Hinata vor ihrem schrecklichen Schicksal zu bewahren...

Entdecke die Welt von Tokyo Revengers auf www.tokyo-revengers.de

carlsen_manga   carlsenmanga

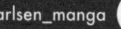 

THE VOTE

JEDES GEHEIMNIS KOMMT IRGENDWANN ANS LICHT!

Die Schüler*innen der Yanagizawa-Privatschule genießen das moderne Leben der Generation Smartphone. Minato ist neu und versucht sich in das bestehende Klassengefüge zu integrieren. Eines Abends ploppt auf Minatos Smartphone eine ihr unbekannte App auf: The Vote! Ein virtuelles Spiel, dessen Teilnehmende alle aus Minatos Klasse sind. Von nun an müssen alle am Vorabend jemand anderes auswählen, der eine Aufgabe lösen soll, andernfalls droht dem Auserwählten der »soziale Tod« – gleichbedeutend mit der Zerstörung seines gesellschaftlichen Lebens. Schnell wird klar: The Vote ist keine normale App sondern ein gnadenlos pervertiertes Spiel um Leben und Tod!

Provokant, polarisierend und schockierend – ein Psychothriller der grenzüberschreitenden Art.

Thriller • ab 16 Jahren
Großtaschenbuch • schwarz-weiß
ca. 192 Seiten • 12,5 x 18 cm

HAYABUSA
www.hayabusa-manga.de

hayabusa_manga   HayabusaTweets

HALT!

REVENGE BULLY ist eine japanische Serie, die originalgetreu von »hinten« nach »vorne« und von rechts nach links gelesen wird! Schlagt das Taschenbuch also »hinten« auf und blättert Seite für Seite nach »vorne« weiter! Auch die Bilder und Sprechblasen auf jeder Seite werden von rechts oben nach links unten gelesen, wie es in der Grafik gezeigt wird!

Carlsen Manga! News – jeden Monat neu per E-Mail! ▪ www.carlsenmanga.de ▪ www.carlsen.de

CARLSEN MANGA

Deutsche Ausgabe/German Edition ▪ © 2023 Carlsen Verlag GmbH, Völckers-straße 14–20, 22765 Hamburg ▪ Aus dem Japanischen von Gandalf Bartholomäus
IJIMERU AITSU GA WARUINOKA, IJIMERARETA BOKU GA WARUINOKA? Vol. 1
©2020 Chikara Kimizuka, YenHioka/SQUARE ENIX CO., LTD.
First published in Japan in 2020 by SQUARE ENIX CO., LTD.
Germantranslation rights arranged with SQUARE ENIX CO., LTD.
and CARLSEN Verlag GmbH through Tuttle-Mori Agency, Inc.
Redaktion: Anne Berling ▪ Textbearbeitung: Steffen Haubner
Produktionsmanagement: Björn Liebchen ▪ Alle deutschen Rechte
vorbehalten ▪ ISBN: 978-3-551-79799-5
Wir behalten uns die Nutzung unserer Inhalte für Text und
Data Mining im Sinne von § 44b UrhG ausdrücklich vor.

FSC
www.fsc.org
MIX
Papier | Fördert
gute Waldnutzung
FSC® C083411

Wir produzieren nachhaltig

▪ Klimaneutrales Produkt
▪ Papiere aus nachhaltigen und kontrollierten Quellen
▪ Hergestellt in Europa